2013

中国农药发展报告

ZHONGGUO
NONGYAO FAZHAN BAOGAO

农业部种植业管理司
农业部农药检定所

中国农业出版社

2013

中国农药发展报告

编委会

中国农药发展报告 2013

前　言

为了引导农药行业健康发展，全力保障国家粮食安全、农产品质量安全和生态环境安全，农业部种植业管理司、农业部农药检定所联合组织有关单位编写了《中国农药发展报告　2013》，介绍了我国2013年度农药登记、生产管理、市场监管、推广应用、国际贸易、国际农药管理等方面的新进展、新成效、新特点，分析面临的新问题，展望发展趋势。

本报告共分七章。第一章为农药登记管理，介绍了登记农药的新特征和登记管理措施的新亮点。第二章为农药生产管理，包括农药生产新政组合发力等。第三章为农药市场监管，包括创新机制，实施分类监管；加大抽查，处理大案要案；“控高促低”，做好合理引导；完善技术，解决监管难题。第四章为农药科学应用，包括用药品种低毒低残留趋势明显，用药技术向综合化减量化发展，用药模式呈现专业化现代化特征，残留管控更加标准化规范化，抗药性监测治理得到强化。第五章为农药国际贸易，包括农药贸易持续增长，进出口结构显著优化，产品特征显著，进出口区域相对集中，出口企业和区域集中。第六章为国际农药管理动态。附录则盘点了2013年农药领域重点事件。

本报告编写过程中，得到了农业部有关司局的指导和支持，得到了全国农业技术推广服务中心、中国农药工业协会等单位的支持和帮助。在此谨对支持本书编写的所有单位、领导、专家和有关工作人员表示衷心的感谢！

由于编写时间仓促，编者水平及其他条件的限制，报告中可能存在不当或错误之处，恳请各位读者批评指正。

编　者

2014年3月

目 录

第一章 农药登记管理

DIYIZHANG NONGYAO DENGJI GUANLI

2013年，农药登记管理继续坚持“面向农业、面向社会、面向企业、面向国际、面向体系”的总要求，围绕“深化审批改革、创新审批方式、加强登记引导、促进产业升级、鼓励自主创新”这一主线，扎实有力有效地开展工作。

中国农药发展报告 2013 · 第一章　农药登记管理

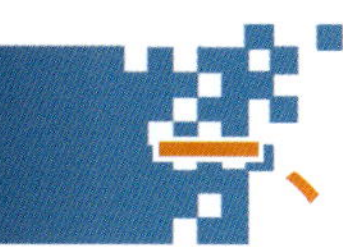

一、农药登记管理的新进展

（一）登记管理措施新亮点

1. 深化审批改革，带动体系建设 2012年10月，农业部农药检定所在河北、江苏、浙江、山东4省启动了农药登记部省联动评审试点工作。2013年5月，联合评审试点增加到14个省份，并扩大了联动评审产品范围和评审内容，构建了登记评审中科学分工、高效协作、运行顺畅的新格局。

2. 创新审批方式，提高管理水平 一是改变传统的审批模式，让企业参与到评审流程中来。对新农药、部分新剂型、新使用方式及首次评审未通过的产品，邀请企业派员进行现场答辩。二是在产品评审中引入风险评估机制。探索对卫生杀虫剂新农药实施风险评估，对醚菌酯、嘧菌酯、四氯虫酰胺、乙虫腈等开展了半田间试验和环境风险评价，提高了登记产品的安全性。三是加大了对创新产品登记的支持。对于企业提出的登记技术问题，从产品、市场及管理多方面进行风险分析，确认无风险或风险小的，予以支持鼓励，引导企业创新。

3. 加强登记引导，破解用药难题 目前，我国近120种蔬菜上200多种病虫害以及其他特色作物"无药可用"。为尽快解决上述问题，满足农业生产需求，在农药登记管理上采取了一系列措施，引导、推动小宗作物用药登记。一是成立了蔬菜用药登记联合试验协作组，组织企业进行已登记农药的"扩大使用范围"登记试验。二是鼓励省级农药检定机构对本省特色作物进行登记联合试验。吉林、浙江两省已将该项工作经费列入省级财政预算，完成了人参、杨梅、杭白菊、石斛等特色作物的登记试验并取得部分登记。

4. 探索分类管理，引导产业升级 2013年，农业部农药检定所初步探索了不同发展水平企业的分类管理，对部分市场信誉好，社会责任感强，研发投入大，有新技术、新产品储备，设备良好，技术人才层次较高的农药企业采取有别的管理方式。一是将其纳入农业部农药登记试验单位行列，允许其自行完成登记产品的质量和药效试验，并对试验结果负责。目前，已有12家基本符合条件的农药企业向农业部农药检定所递交了试验单位资质申请资料。二是探索建立创制新农药的快速登记机制。农业部农药检定所与中化集团公司合作进行了“新农药创制推进机制研究”，已取得积极成果。

5. 强化风险管控，完善管理政策 组织开展了草甘膦生产、出口和使用情况调查，出台了草甘膦及其盐类管理措施，允许草甘膦及其各种盐类原药登记、草甘膦制剂以草甘膦的存在形式登记，并根据加工工艺提供草甘膦或相应草甘膦盐原药来源证明。针对氯磺隆及甲磺隆、胺苯磺隆等使用风险状况，经第八届第13次全国农药登记评审会讨论意见，农业部发布了第2032号公告，撤销了30个氯嘧磺隆及甲磺隆、胺苯磺隆单制剂登记证，并将胺苯磺隆、甲磺隆原药及复配制剂登记证有效期变更为2015年7月1日。2017年7月1日，将全面禁止使用甲磺隆及胺苯磺隆复配制剂。

（二）登记农药产品新特征

1. 杀虫剂登记比重持续下降，除草剂比重增加 2013年全国登记农药产品3 602个，同比增长23%。其中大田用农药3 278个（临时登记531个，正式登记2 723个，分装登记24个）、卫生用农药324个（临时登记47个，正式登记268个，分装登记9个）。按类别分，杀虫剂占大田用农药的38.5%，杀菌剂占27.3%，除草剂占30.3%，植物生长调节剂占2.16%（表1）。

表1 近三年大田农药登记情况

年份 \ 农药类别	杀虫剂		杀菌剂		除草剂		植物生长调节剂	
	数量（个）	比重（%）	数量（个）	比重（%）	数量（个）	比重（%）	数量（个）	比重（%）
2011	802	47.7	419	24.9	385	22.9	43	2.6

（续）

农药类别 / 年份	杀虫剂		杀菌剂		除草剂		植物生长调节剂	
	数量（个）	比重（%）	数量（个）	比重（%）	数量（个）	比重（%）	数量（个）	比重（%）
2012	1 050	43	662	27.1	634	26	25	0.9
2013	1 262	38.5	895	27.3	992	30.3	71	2.16

2. 国内企业申请登记的新有效成分数量超过境外企业　2013年我国申请登记的新有效成分有呋虫胺、硝苯菌酯、四氯虫酰胺、苄草丹、氟啶虫胺腈、苯酰菌胺、辛酰碘苯腈、苯锈啶、甲噻诱胺、噬菌核霉、氟唑菌酰胺、氟胺磺隆、氯肽酸甲酯、多果定、敌草腈等15个，其中国内企业申请了10个（普通登记4个，专供出口登记6个）。

3. 农药产品剂型和品种结构持续优化　水基型、颗粒状环保剂型比例由2011年的52%提高至70%。植物源、微生物农药、生物化学农药等申请登记数量持续增加，其中国内企业研发的微生物新农药噬菌核霉首次取得登记。

4. 出口登记产品中新农药、新制剂比例较大　2013年我国已批准出口登记产品约150个，占当年批准登记产品总数的4.5%左右。截至2013年年底，共批准出口登记产品约400个，有效成分约105个，其中在我国尚未使用的有效成分约35个，新制剂近200个，新制剂占出口登记产品总数的近50%。

二、问题及展望

（一）主要问题

1. 评价手段、技术有待改进和提高　风险评估研究滞后，自主创新的技术方法与模型还远不能满足评价的要求。

2. 登记试验管理难度大，任务重　试验样品、试验结果和登记后产品的真实性问题亟待研究解决。

3. 登记评审的要求和流程需要细化 对申请产品登记企业生产条件的核实，以及助剂的评价等工作尚未开展。

4. 部分作物“无药可用”问题短期内难以全面解决 对蔬菜及特色作物登记的公益性认识不足，政府支持、企业配合、协会推动等力度不够。

5. 农药退出机制不健全 偏重农药产品上市前的质量把控，缺乏对登记后产品的有效性、安全性和经济性监测评价的系统考虑，农药产品退出机制缺乏数据和政策支撑。

（二）工作展望

当前和今后一个时期，农药登记管理的工作重点是：继续推进农药安全风险评价，建立适合我国国情和产品结构的评价模型和方法；加快推动蔬菜及特色农作物用药登记，发布相关鼓励政策、申请项目资助、发挥省所及行业协会的力量，开展联合试验，尽早解决部分作物合法用药问题；进一步巩固和扩大登记审批改革成果，有计划、分阶段将登记审批的日常工作逐步转向主要由省级农药检定机构承担；加快企业分类管理进程，使之成为促进企业做大做强的重要手段；坚定推进新农药登记机制研究进程，促进我国农药的自主创新和可持续发展；完善登记审批内容和流程，建立合理退出机制，调整企业和产品结构，保障行业健康发展。

2 第二章

农药生产管理

DI'ERZHANG NONGYAO SHENGCHAN GUANLI

据中国农药工业协会统计，截至2013年年底，由工业和信息化部核准的农药企业1 800多家，其中原药生产企业500多家，全行业从业人员达16万人，已成为农药生产大国，可生产600多个品种，常年生产300多个品种，产量处于世界前列。

中国农药发展报告 2013 · 第二章　农药生产管理

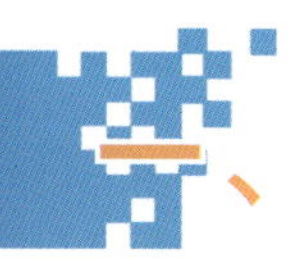

一、农药生产管理的新进展

（一）农药行业经济效益大幅提升

根据国家统计局统计，834家规模以上生产企业1～12月行业总资产达到1 914.4亿元，同比增长16.9%；主营业务收入2 812.6亿元，同比增长19.1%；利润总额229.3亿元。农药行业经济效益大幅提升的同时，行业的亏损面有所下降（表2）。

表2　2013年各项经济指标完成情况

行业类别	资产总计（亿元）		主营业务收入（亿元）		利润总额（亿元）	
	全年	同比（%）	全年	同比（%）	全年	同比（%）
化学农药制造业（834）	1 914.4	16.9	2 812.6	19.1	229.3	30.8
化学原药制造（702）	1 762.2	17.3	2 525.4	18.7	207.5	32.8
生物化学农药及微生物农药制造（132）	152.2	12.6	287.2	22.3	21.8	13.7

（二）农药企业规模不断扩大

根据中国农药工业协会统计，2013年1～12月，我国367家企业累计化学农药原药产量146.0万吨，同比减少3.0%。杀虫剂、杀菌剂、除草剂产量分别占总产量的21.7%、10.6%和64.4%（表3）。农药生产企业主要分布在江苏、浙江、山东、河南、四川等省，其中，江苏、浙江、山东三省农药工业产值占全国的70%以上，三省有64家企业入围2013年百强企业。24家销售收入超过10亿元的农药企业有18家在江苏、浙江和山东三省，销售收入在5亿～10亿元的农药生产企业也大多集中在这一地区。在国家产业政策的引导下，农药企业准入门槛不断提高，新建农药生产企业规模不断扩大，同时随着环保、安全要求日益严格，以及市场竞争日趋激烈，农药企业兼并重组、股份制改造的步伐加快，企业规模不断壮大。2012年1月至2013年8月，农药企业融资并购典型事项约30起。

表3　农药行业2013年1～12月产量情况

企业数	2013年累计（万吨）	比重（%）	2012年累计（万吨）	同比（%）
化学农药（335）	146.0	—	150.5	－3.0
杀虫剂（135）	31.7	21.7	47.5	－33.3
杀菌剂（69）	15.5	10.6	12.0	29.2
除草剂（109）	94.0	64.4	87.4	7.6

（三）农药生产新政组合发力

通过实施更加严格的高毒和高风险农药管理政策，强化企业环保要求，落实出口鼓励措施，农药行业良性发展态势得以加强。

自2013年10月31日起，苯线磷、地虫硫磷、甲基硫环磷、磷化钙等10种高

毒农药全面停止销售和使用。另外，农药工业“十二五”发展规划中明确提出拟逐步禁用杀扑磷、甲拌磷、甲基异柳磷等12种高毒农药。

2012年4月24日，农业部、工业和信息化部、国家质量监督检验检疫总局发布第1745号公告，决定对百草枯采取限制性管理措施。自2013年1月1日起，未变更登记证和核准标签的百草枯水剂登记证将不再保留，产品不得上市销售，已在市场上流通的原标签产品在2013年12月31日后禁止销售。自2014年7月1日起，撤销百草枯水剂登记和生产许可、停止生产，保留母药生产企业水剂出口境外使用登记、允许专供出口生产，2016年7月1日停止水剂在国内销售和使用。

2013年5月21日，环保部正式通知，决定开展草甘膦（双甘膦）生产企业环保核查工作，印发了《草甘膦（双甘膦）生产企业环保核查指南》，正式启动了农药企业环保核查工作。

2012年8月起，海关总署将百草枯母液海关商品编码由原来的29章调整为38章，享受的出口退税由9%调整为5%。国家税务总局发布更新的2013年产品目录中，草甘膦中间体双甘膦出口退税率已经调为0，这意味着原13%的双甘膦出口退税被取消。

三、问题及展望

（一）主要问题

1.产能过剩仍在加剧 农药生产企业对看好有特色的产品一哄而上、盲目扩张的近利做法，没有明显改变，我国主流农药品种吡虫啉、阿维菌素、草甘膦、乙草胺等严重供大于求。

2.产业集中度较低　我国现有农药原药生产企业500多家，企业多、小、散的问题虽然较前几年有所改善，但仍未根本解决，农药行业具有国际竞争优势的企业少之又少。2012年总销售额超过10亿人民币的企业仅有24家，而销售额5 000万元及以下的企业多达250余家。前10家农药企业销售收入占全行业的比例仅28.4%，前20家农药企业占46.0%。

3.自主创新能力弱　绝大多数企业研发投入占销售收入的比例不到1%，而农药跨国公司研发投入占销售额的比例高达7%～8%以上。跨国公司农药生产实现了连续化、自动化，设备大型化，产品质量稳定，而我国只有少数企业在个别产品生产中实现了连续化、自动化。

4.“三废”污染严重　大多数企业重生产、轻环保，缺乏“三废”治理的有效技术措施，大多数企业尚未真正做到达标排放，实现清洁生产的目标，与建立环境友好型社会目标相距甚远。农药原药生产未反应原材料和副产物回收率低，废水含盐以及难降解有机污染物浓度高，一些特殊污染因子缺乏有效的处理手段。大部分原药生产企业不具备有效处理特殊污染物的能力。

（二）工作展望

加快走集约发展的道路，进一步提高产业集中度；继续调整产品结构，进一步提高环境友好型制剂所占比例；加大投入，用好国家“十二五”农药科技创新项目资金，增强科研开发及新品种创制能力，提高企业工艺技术和装备水平；提高准入门槛，树立农药品牌，提高行业竞争力；节约资源，降低能源消耗，减少“三废”排放。

第三章 农药市场监管

DISANZHANG NONGYAO SHICHANG JIANGUAN

2013年，农业部继续开展“农药监管与法制建设年”活动，以规范农药生产经营主体为抓手，以禁限用高毒农药监管和打击制售假劣农药行为为重点，完善监管机制，检打联动、疏堵结合，不断加大市场监管力度，积极推进农药监管法制化进程，取得了良好的成效。

中国农药发展报告 2013 · 第三章 农药市场监管

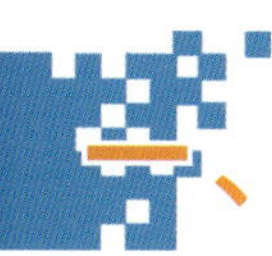

一、农药市场监管的新进展

（一）创新机制，实施分类监管

2013年，组织对近年来农药监管情况进行了统计分析，根据企业合法生产经营总体情况制定分类监管方案，并组织实施。对未发现明显问题或问题不够严重的企业，主要由地方农业部门采取随机抽查和结合日常工作进行监管。对发现问题较多的企业，一是实施指定抽查。近年来农药监督抽查结果显示，约有43.3%的标称生产企业明确否认被抽查产品为本企业生产。为破解监管难题，农业部向各省下发《2013年农药市场监督抽查抽查指定企业名单》的通知，将79家生产企业列为指定抽查名单，组织整个农业执法系统对其产品进行全面监管，要求抽查其样品量不低于2 500个，并由所在地农药检定机构抽检其成品仓库的全部产品，发现问题立即查处。从2013年的监管结果来看，指定抽查监管方式收效显著，有的企业开展自查自纠，提高质量监管水平，规范生产行为，部分违规企业受到了严惩。二是开展专项抽查。2013年，农业部第三次开展农药产品质量专项抽查，执法人员对45个生产企业的139个农药产品进行突击检查，发现14种假农药，吊销了2012年专项抽查的4个违规产品农药登记证。三是实施约谈制度。由地方农业管理部门负责人与企业负责人进行约谈，签订诚信经营责任书，并由所在地农业部门定期对其抽查与监管。

（二）加大抽查，处理大案要案

2013年共抽查农药样品4 488个，质量合格率为85.0%，标签合格率为75.9%（图1、图2）。依法公布了非法生产经营者名单及非法行为，组织查处非法添加禁用农药甲基对硫磷的生产企业，追查其禁用农药来源，责令追回所有销售和库存产品并销毁。2013年农业部向社会公布了全国农业系统依法查处的假劣农资典型案件17件，其中涉及农药案件7

起，2起为无证生产，5起为制售假劣农药案，全部移送司法机关查处。

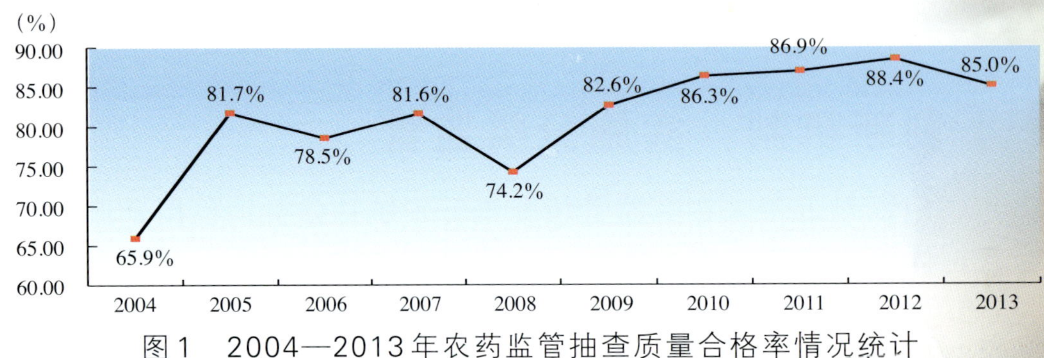

图1　2004—2013年农药监管抽查质量合格率情况统计

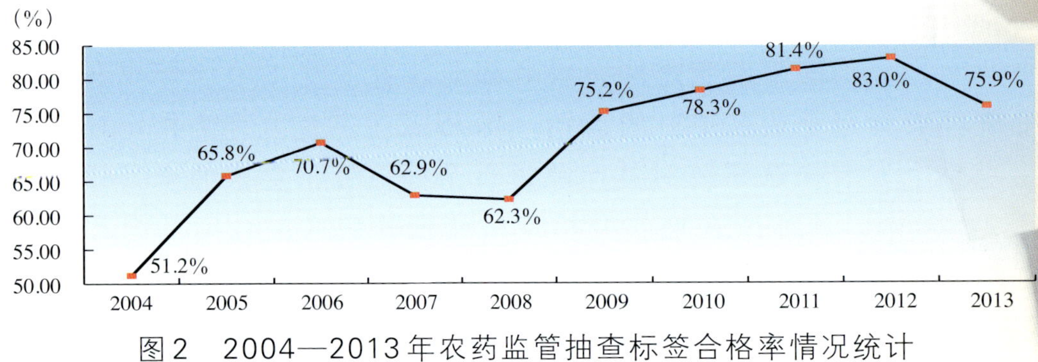

图2　2004—2013年农药监管抽查标签合格率情况统计

（三）控高促低，做好合理引导

积极推行高毒农药定点经营和追溯管理，促进低毒生物农药的普及推广。探索利用二维码、条形码等信息化手段，推行高毒农药可溯源管理，限定了高毒农药销售渠道，实行相对集中监管，减少了农民违规使用的几率，把好高毒农药使用的准入关。截至2013年10月底，全国已有800多个县实施了高毒农药定点经营，200多个县全面禁止销售使用高毒农药。实施高毒农药定点经营的地区，农药市场秩序明显好转，农产品质量安全水平稳步提高。组织在10个省11个县实施低毒生物农药示范补贴项目，通过价格补贴、技术指导、宣传培训等措施，在农民用药成本不增加的情况下，病虫害防治水平、农作物品质和农民收益得到提高，调动了农民选用低毒生物农药的积极性；探索形成了依托农药经营单位、以专业合作社为平台、与专业化统防统治相结合等3种行之有效的补贴模式，为大规模实施低毒生物农药补贴奠定了基础。

（四）完善技术，解决监管难题

为破解农药隐性成分添加检测难题，农业部农药检定所联合天津、湖南、河北等省级农药检定机构，组织开展了农药成分监管专题研究，提出了强化检测技术、植保技术与监督平台有效结合的新理念，建立病虫害与农药品种对应关系数据库，通用监测方法与农药品种检测信息数据库，快速扫描涉嫌农药成分，避免盲检。目前，该检测技术已能够覆盖480种农药成分的快速检测，极大地提高了检测针对性，基本解决了非法添加其他农药的监管难题。建立了全国农药监管网络联动平台，做好农药登记与监管数据的对接，实现全国农业执法系统资源共享、检打联动，提高对制假售劣监管的震慑力。山东、浙江、江西等省充分利用现代技术，以农药经营环节为抓手，通过产品编码、POS机扫描销售等手段，探索建立农药生产、批发、零售、使用环节可追溯监管体系，为农药台账自动化、流向信息化提供技术支撑，提高了农药监管科技水平和工作效率。

三、问题及展望

（一）主要问题

1. 制售假劣更为隐蔽　通过近年来的市场整治，禁用高毒农药基本绝迹，而无证生产，或在产品中非法添加隐性成分现象增多。2013年农药产品质量专项抽查结果表明，抽取18个省（自治区、直辖市）45家生产企业的139个农药样品，质量合格率为85%，不合格样品21个，其中，隐性成分添加的产品有14个，占不合格样品总数的66.7%，添加的主要成分有克百威、毒死蜱、高效氯氟氰菊酯、水胺硫磷和氟铃脲（图3、图4）。

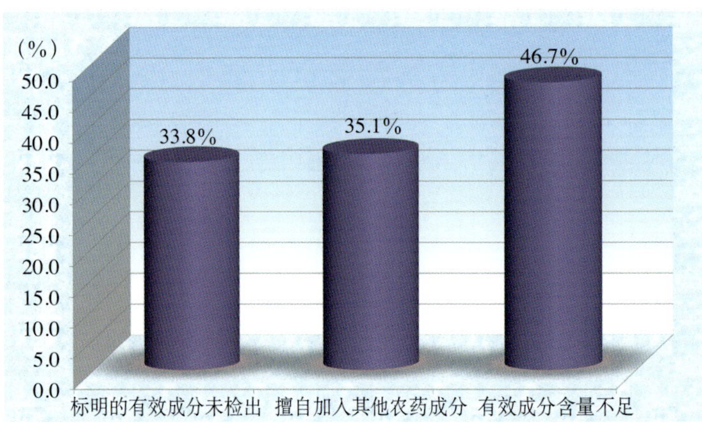

图3 2013年农药监督抽查质量不合格产品违法行为情况统计

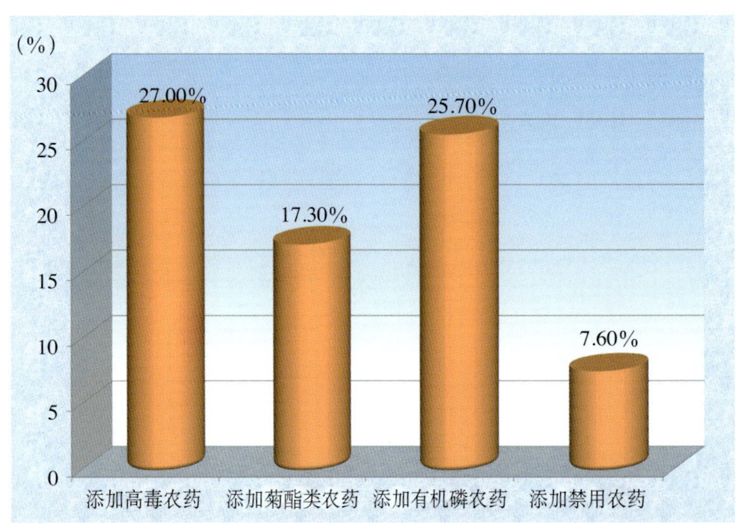

图4 2013年农药监督抽查擅自添加其他农药成分样品情况统计

2. 农药行业诚信体系建设滞后 目前，我国农药行业整体诚信水平较低，尚有约12%的质量不合格农药产品，6%左右的产品为假农药；一些企业逃避登记，以助剂或者赠品等方式搭配销售未登记农药；60%的农药经销商存在超范围推荐农药现象，个别经销商甚至向生产企业定制违规添加速效或高毒成分的农药。农药生产、进销台账制度难以落实，农药产品难以溯源。据统计，目前仅有20%左右的农药产品标签有条形码、二维码等防伪溯源标识，一旦出现药害等问题，难以追踪问题产品流向（图5、图6）。

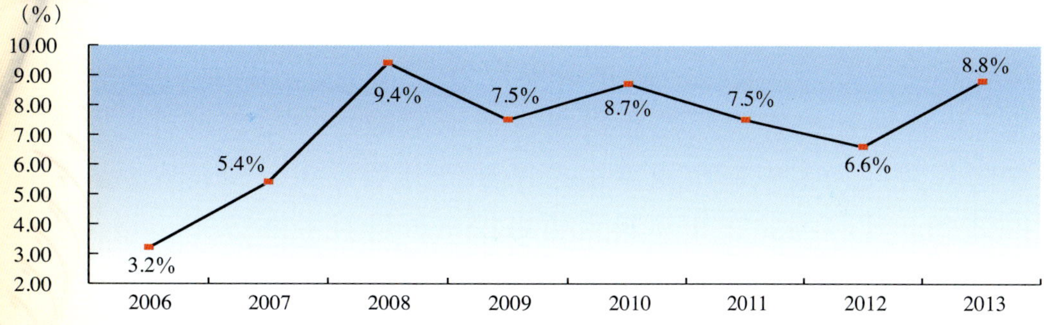

图5　2006—2013年农药监督抽查假农药产品占样品总数情况统计

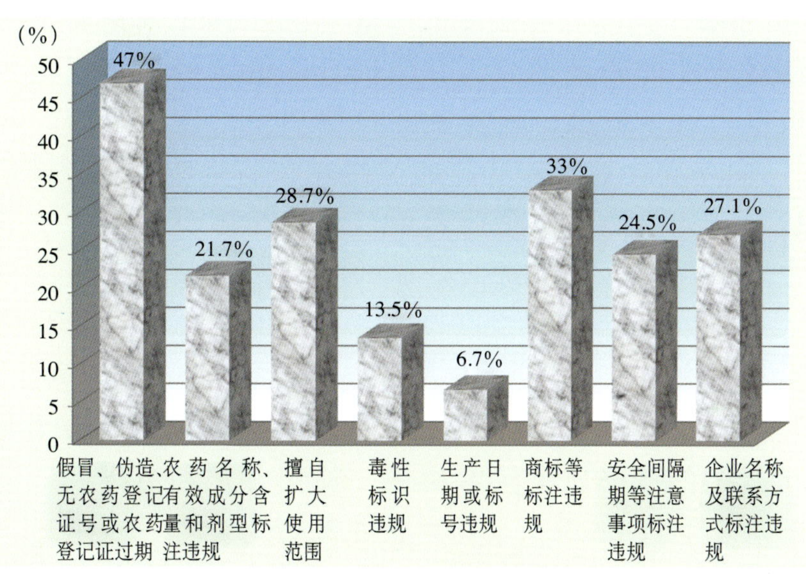

图6　2013年农药监管抽查不合格标签违规行为情况归类

3. 农药管理制度不完善　由于管理制度不够完善，企业违法成本低，加之基层农业执法部门缺乏必要的监管手段，严重削弱了农药监管震慑力。

（二）工作展望

1. 控高促低，疏堵结合　按照“疏堵结合、分类指导”的工作思路，农业部采取“试点先行、以点带面、稳步推进、全面实施”的原则，制定《高毒农药定点经营示范推广方案》，在蔬菜、果树、茶叶和中草药集中种植区域禁止高毒农药经营，在粮、棉、油、菜混作区内，实施高毒农药定点经营和全程可追溯管理。2014年先在5个省分别创建4～5个高毒农药定点经营示范县，每个县确定20个左右示范门店。落实2013年中央1号文件有关实施低毒低残留农药示范推广补贴等精神，优先在经济作物优势区、大中城市蔬菜生产基地等开展低毒低残留农药补贴示范推广试点，针对主要农作物制定病虫害全程防控技术方案，提高农民安全用药水平。经过3～5年的努力，全国基本建立起规范化的高毒农药定点经营制度和低毒低残留农药使用补贴政策，引导农民减少高毒农药使用，提高低毒低残留农药的市场占有率。

2. 转变思路，突出监管重点　从普查为主向定向监管为主转变，加大对历年违规企业的指定抽查、专项抽查，依法吊销违规企业的农药登记证，积极推行约谈制度，监督企业自律，惩治违规行为。从所有企业“平等对待”向差异化管理转变，通过建立农药生产经营者诚信档案，及时公布否认非法产品的生产企业名单，组织全国监管与排查等手段，在打击违规企业的同时，扶持诚信企业的发展。从单点执法向行业互动转变，完善“全国农药监管网络联动系统”，建设农药行业诚信体系数据库，建立全国监管资源共享、协查督办机制，实现异地执法、“网上通缉”、全国联动。从主要依靠农业执法部门向调动社会各方力量转变，通过及时公布登记的产品质量技术指标、检测方法和色谱图，让产品“质量暴露于阳光之下”，从源头上约束企业的行为。

3. 依托技术，提高监管效能　以现有农药成分监管研究成果为基础，结合工作拓展数据库，提高农药隐性成分监管范围和可操作性，提升农药检定机构整体检测水平，彻底解决非法添加农药隐性成分监管难题。结合高毒农药定点经营，搭建统一监管平台，对所有高毒农药编制二维码、条形码等信息码，尊重企业现有追溯模式，兼容各方现有追溯软件，保护企业商业秘密，切实解决农药经营台账建立、假劣农药追踪等难题。

4. 完善立法，重典治乱　推进新修订的《农药管理条例》尽快出台，做好配套规章制修订。规范经营主体，提高素质和能力要求，加大其社会责任，把好使用关。建立个人禁业、企业退出等制度，加大对违规者的打击力度，引导行业诚信。

4 第四章 农药科学应用

DISIZHANG NONGYAO KEXUE YINGYONG

2013年，农药推广应用紧紧围绕保障农业生产安全、农产品质量安全和生态环境安全，示范推广了一批新型、高效、低毒、低残留的农药品种和新农药应用技术，强化了农药残留等安全用药管控，普查监测了主要粮食和经济作物害虫草害的抗药性现状，推广应用了一批新型施药机械和技术，推动了专业化统防统治，提升了农药使用指导和管理的科学化水平。

中国农药发展报告 2013 · 第四章　农药科学应用

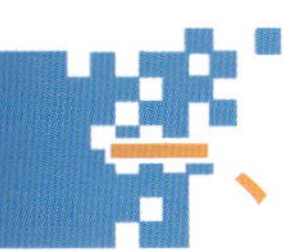

一、农药推广应用的新进展

（一）用药品种低毒低残留趋势明显

开展农药试验示范，重点推广了阿维菌素、甲氨基阿维菌素、氯虫苯甲酰胺、吡蚜酮·烯啶虫胺、甘蓝夜蛾核型多角体病毒、氰烯菌酯、申嗪霉素、草铵膦、阿维·氟虫胺、戊唑·烯肟菌酯等药剂品种；确认了环氧虫啶、烯肟菌胺·戊唑醇、高含量Bt、高含量井冈霉素、四氯虫酰胺、噻虫胺、阿维·茚虫威、嘧菌酯·苯醚甲环唑等作为今后推广产品。通过这些措施，促进了一批低毒低残留农药应用。据统计，2013年，全年农药使用总量约33万吨（有效成分，下同），其中杀虫剂同比下降5%，杀菌剂同比上升6%，除草剂同比上升16%，杀鼠剂同比下降12%。杀虫剂主要使用的农药品种有90多种，用量超过1万吨的有敌敌畏、毒死蜱，用量0.1万～1.0万吨的有辛硫磷、杀虫双、晶体石硫合剂、乙酰甲胺磷、杀虫单、氧乐果、三唑磷、乐果、噻嗪酮、吡虫啉、马拉硫磷、丙溴磷、吡蚜酮、水胺硫磷、炔螨特、甲拌磷、哒螨灵等。杀菌剂主要使用的农药品种有50多种，用量超过1万吨的有硫酸铜、多菌灵；用量0.1万～1.0万吨的有甲基硫菌灵、百菌清、三环唑、井冈霉素、三唑酮、福美类、稻瘟灵、氢氧化铜、甲霜灵、敌磺钠、乙膦铝、咪鲜胺、噁霜灵、戊唑醇等。除草剂主要的农药品种有60多种，用量超过1万吨的有草甘膦、乙草胺、莠去津等；用量0.1万～1.0万吨的有丁草胺、百草枯、2,4-滴，灭草松、异丙甲草胺、氟乐灵、二甲四氯、氟磺胺草醚、二氯喹啉酸等。杀鼠剂主要的农药品种有6种，为敌鼠钠、溴敌隆、氯敌鼠、溴鼠灵、杀鼠灵、杀鼠醚。植物生长调节剂主要的农药品种有6种，单品种用量均在0.1万吨以下，主要为多效唑、烯效唑、赤霉酸、乙烯利、甲哌𬭩、芸薹素内酯。

（二）用药技术向综合化减量化发展

示范高效安全科学施药技术。在江苏、湖北、陕西、山东等水稻、苹果、蔬菜主产区示范推广了敏感性测试试剂盒筛选药剂、桶混药剂组合技术、农药雾滴和润湿性能测试卡、喷雾助剂、成烟助剂等高效安全科学施药技术。同时对重点粮食作物、新药剂和难防病害进行了有针对性的示范推广，在12个省（自治区）58县（市）实施"水稻病虫草害综合解决方案试验示范"，在8个水稻主产省开展了"更多水稻"示范，在5省实施了"小麦高产创建植保新技术试验示范"，在7省实施"玉米病虫草害防控与增产解决方案"示范，在江苏9省34县（市）推广噻虫嗪种子处理剂拌种，在秧田秧苗1.5片叶和移栽前2～3天使用吡蚜酮或噻虫嗪防治稻飞虱预防南方水稻黑条矮缩病的技术。

开展减量用药防控技术示范。分别在江苏、陕西省各建立了水稻、果树病虫害农药减量控害技术万亩示范区，优化药剂使用方法，组装和推广成熟的病虫害防控技术，综合利用各种非化学防治手段，形成作物全生育期减量控害技术规程，积极推广生物农药和高效的环境友好型农药，增加生物农药使用量，减少化学农药使用总量。

（三）用药模式呈现专业化现代化特征

大力推进专业化统防统治。据统计，全国各类型的专业化防治组织目前有8.5万个，年实施统防统治面积由1.9亿亩*次发展到6.25亿亩次。2013年，继续在

* 亩为非法定计量单位，1公顷=15亩。

800个粮食主产区、经济作物优势区和重大病虫源头区大力推进专业化统防统治，加大对专业化统防统治的扶持力度，农业部、财政部两部门调整病虫害防治资金的使用主体，以专业化防治组织和农民为补助对象，很好地发挥了导向和激励作用，推动了专业化统防统治工作向纵深快速发展。据统计，小麦主产区病虫害专业化统防统治17 765万亩次，专业化统防统治覆盖率达到30.3%。加大了新型施药机械和技术的应用，包括自走式旱田（高地隙）喷雾机、自走式果园风送喷雾机、静电喷雾机、烟雾机、无人机等植保机械的使用技术。

加强对专业化防治组织的服务、引导和培训。举办防治组织负责人培训班，培训了来自全国26个省的100个规模较大、服务较规范的专业化防治组织负责人；同时组织部分农资生产企业与全国专业化统防统治“百强”服务组织举行对接会，通过搭建平台，让企业与组织对接，产销见面，加速农药、药械新产品新技术的推广应用，缩短农资供应链，降低成本，满足防治组织的需求，更好地为病虫防治服务。抓好专业化防治宣传培训工作，编印《农作物病虫害专业化统防统治培训指南》，制作发放专业化统防统治农民培训科教动画片。

（四）残留管控更加标准化规范化

新出台了农药最大残留限量国家标准。2013年3月1日，食品中农药最大残留限量国家标准（GB 2763—2012）正式实施，新的农药最大残留限量标准达2 293个，和原有标准比，增加了1 400余个，基本涵盖了我国居民日常消费的主要农产品，在标准数量和覆盖率上都有比较大的突破。这些标准是根据我国农药残留田间试验数据、农产品中农药残留例行监测数据和居民膳食消费结构情况，充分对接国际食品法典标准，在开展风险评估基础上制修订的。新标准实施，有利于规范农民科学合理使用农药，有利于各级政府履行农产品质量安全监管职责，

从源头控制农药残留。

开展农药经营和使用培训宣传。农业部利用项目依托，以为农民办实事为平台，组织地方农业部门开展农药经营和使用者培训，针对安全科学使用农药及农药废弃包装物处置等，在全国举办1 000多场培训班，共培训100个农民合作社、13万名农民、基层农技人员和农药零售商。印发《安全科学使用农药挂图》4万份、《安全科学使用农药培训指南》3万份、《科学使用生物农药》5万份、《蔬菜病虫害防治手册》2 500本，赠送安全施药防护衣1.7万件，防护面罩2.7万个。加强农药安全使用宣传，在中国农药信息网开辟“低毒低残留农药”专栏，宣传中央关于“启动低毒低残留农药使用补助试点”等有关精神，提高低毒低残留农药科学使用技术水平，保障农产品质量安全。

（五）抗药性监测治理得到强化

组织全国80个抗药性监测点开展工作。开展水稻重大病虫害的抗性监测，广东、广西等11个南方水稻主产省（自治区）稻飞虱、二化螟的抗性监测结果表明，褐飞虱种群对吡虫啉仍处于高水平至极高水平抗性阶段，对噻嗪酮、噻虫嗪、吡蚜酮处于中等至高水平抗性阶段，抗性水平有升高趋势；二化螟种群抗药性具有区域性，浙江、湖南、江西等地二化螟种群对三唑磷产生高水平抗性，对双酰胺类杀虫剂产生低水平抗性。

开展小麦、棉花等旱地作物病虫害的抗性监测。河北、山东、河南等小麦、棉花主产区的麦蚜、小麦赤霉病、棉铃虫、棉蚜等病虫害抗药性监测结果表明，禾谷缢管蚜种群对氧化乐果、吡虫啉处于敏感至敏感性下降状态，对抗蚜威、啶虫脒处于敏感至低水平抗性；小麦赤霉病菌抗药性主要发生在江苏省，河南、山东零星地区也有抗性菌株存在；棉铃虫种群对辛硫磷处于敏感性下降至中水平抗

性状态，对功夫菊酯的抗性处于中至高水平抗性状态；棉蚜对新烟碱类药剂吡虫啉、啶虫脒产生中水平至高水平抗性，且仍有上升的趋势。

制修订水稻等作物害虫抗性监测技术规程，开展抗性治理示范。为推进农业有害生物抗性监测技术规范化和标准化，2013年制修订2个水稻害虫农业行业标准《灰飞虱害虫抗性监测技术规程》和《水稻二化螟抗药性监测技术规程》，编写了《杀虫剂抗性管理策略》和《水稻双酰胺类杀虫剂抗性管理策略》技术手册。开展水稻、棉花、小麦害虫抗性治理试点，在江苏、安徽、湖北、广东、广西5省（自治区）建立了水稻主要害虫抗性治理示范区；在河南、山东2省建立了棉花、小麦主要害虫抗性治理示范区。通过开展室内抗药性监测、田间药效验证、轮换用药等措施，达到延缓害虫抗药性发展的目的。

三、问题及展望

（一）主要问题

1. 农民农药使用水平不高，违规使用难以禁止的现象仍将长期存在。

2. 农药使用监测的技术基础比较薄弱，残留标准体系、抗性综合治理和药效试验准则等仍需进一步完善。

3. 农药科学使用指导服务和技术推广有待加强。

（二）工作展望

1. 要加快推进农药科学使用，筛选并推介一批高效低毒农药，加快现代施药器械更新换代，建立高效低毒农药和现代植保机械应用示范区，组装集成和

示范推广农药减量使用技术模式，推荐统防统治和绿色防控融合，努力提高农药利用率。

2. 要健全农药残留标准体系，加快制定农药科学合理使用准则，加强病虫草抗药性监测与治理，推动农药使用管理技术基础的标准化、科学化、规范化。

3. 要进一步加强农药使用的指导和培训，充分发挥公益性和经营性农业技术推广服务组织的作用，完善工作机制，健全保障措施，努力提高农药科学使用水平。

5

第五章 农药国际贸易

DIWUZHANG NONGYAO GUOJI MAOYI

作为重要的农药生产基地，我国的农药国际贸易呈现持续增长趋势，2013年农药进出口量（实物量）达到168.41万吨，进出口额达到92.21亿美元。

中国农药发展报告 2013 · 第五章　农药国际贸易

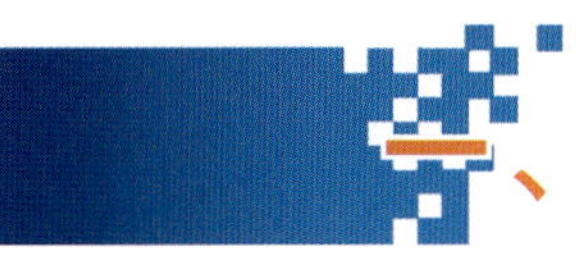

一、农药国际贸易的新进展

（一）农药贸易持续增长

1. 农药贸易持续顺差 2013年农药出口的数量和金额分别占进出口总量和总额的96.30%和92.42%，出口数量是进口的26倍，出口金额是进口的12倍，贸易顺差高达78.25亿美元。

2. 农药出口增速放缓 2013年我国农药进口和出口数量分别为6.22万吨和162.19万吨，同比增长16.31%和1.41%；进口和出口金额分别为6.98亿美元和85.23亿美元，同比增长23.78%和8.39%。农药出口增速首次低于进口增速。与2012年相比，农药进口额增幅上升15个百分点，农药出口额增幅下降18个百分点（表4）。

表4　2013年农药进出口情况

项目	数量（万吨）	增长率（%）	金额（亿美元）	增长率（%）
出口	162.19	1.41	85.23	8.39
进口	6.22	16.31	6.98	23.78

（二）进出口结构显著优化

1.原药出口比例下降，制剂进口比例上升 2013年原药出口数量和金额分别占出口总量的38.80%和59.63%，所占百分比分别下降了8个百分点和6个百分点；2013年农药原药出口数量和金额分别为62.92万吨和50.82亿美元；农药制剂出口数量和金额分别为99.26万吨和34.41亿美元。农药制剂进口数量和贸易额占进口总量90.00%和85.73%，所占百分比数分别上升了2个百分点和5个百分点。2013年农药原药进口数量和金额分别为0.62万吨和0.99亿美元；农药制剂进口数量和金额分别为5.59万吨和5.98亿美元。

2. 制剂首次独立拉动进出口增长　原药进出口数量和金额首次下降，2013年原药出口数量和金额增长率分别为－15.26%和－0.75%；原药进口数量和金额增长率分别为－2.22%和－5.82%。制剂进出口继续增长，2013年制剂出口数量和金额增长率高达15.86%和25.47%，农药制剂进口数量和金额增长率高达18.81%和30.62%（表5）。

表5　2013年农药原药制剂进出口情况统计

进出口	原药/制剂	数量（万吨）	增长（%）	金额（亿美元）	增长（%）
出口	原药	62.926 2	－15.26	50.821 8	－0.75
出口	制剂	99.268 4	15.86	34.41	25.47
进口	原药	0.621 9	－2.22	0.996 3	－5.82
进口	制剂	5.598 8	18.81	5.984 6	30.62

（三）进出口产品特征显著

1. 农药出口以除草剂为主，出口农药集中在大宗非专利农药品种　2013年除草剂的出口数量和金额分别为109.72万吨和50.46亿美元，分别占总出口量的67.65%和59.21%；杀虫剂的出口数量和金额分别为36.68万吨和23.55亿美元，分别占总出口量的22.62%和27.64%；杀菌剂的出口数量和金额分别为13.33万吨和9.70亿美元，分别占总出口量的8.22%和11.39%。

2013年出口农药涉及414种有效成分，几乎涵盖了绝大部分登记的非专利有效成分。出口超过1亿美元的大宗品种有12个，按出口金额排序依次分别是草甘膦、百草枯、吡虫啉、莠去津、乙酰甲胺磷、毒死螨、灭多威、氟虫腈、多菌灵、2,4-滴、高效氯氟氰菊酯、戊唑醇，共计出口数量和金额分别为100.68吨和44.15亿美元，分别占当年总出口量的62.07%和51.81%，增长率分别为10.54%和17.99%，高于出口农药平均增长率9.1个百分点和9.6个百分点。特别是排名第一的草甘膦，出口60.19万吨和23.67亿美元，占总出口量的比例高达37.11%和27.77%。

2. 进口以杀菌剂为主，专利品种位居进口农药前列 2013年进口杀菌剂的数量和金额分别为2.30万吨和3.35亿美元，分别占总进口量的37.02%和47.99%；进口杀虫剂的数量和金额分别为1.55万吨和1.83亿美元，占总进口量的25.01%和26.24%；进口除草剂的数量和金额分别为2.30万吨和1.63亿美元，占总进口量的37.13%和23.44%。

2013年进口农药涉及200种有效成分。进口超过1 000万美元的大宗产品有14个，按进口金额排序分别是氯虫苯甲酰胺、五氟磺草胺、戊唑醇、吡唑醚菌酯、代森锰锌、噻虫嗪、精甲霜灵、肟菌酯、咯菌腈、苯醚甲环唑、氯氰菊酯、嘧菌酯、氰氟草酯、二甲戊灵，共计进口数量和金额分别为1.75吨和3.15亿美元，占当年总进口量的28.24%和51.81%，增长率分别为73.24%和84.93%，高于农药进口平均增长率56.9个百分点和61.1个百分点。

（四）进出口区域相对集中

1. 六成农药出口亚洲和南美洲，进口农药九成来自欧洲和亚洲 2013年出口到亚洲的数量和贸易额为57.57万吨和26.44亿美元，占总出口量的35.50%和31.02%；出口到南美洲的数量和金额为40.56万吨和23.34亿美元，占当年总出口的25.01%和27.39%。出口到亚洲和南美洲的农药数量和金额合计占总出口量的60.51%和58.41%。2013年从欧洲进口的农药数量和金额分别为1.91万吨和3.25美元，占当年总进口量的30.63%和46.62%；从亚洲进口的农药数量和金额分别为3.63万吨和2.79亿美元，占总进口量的58.42%和40.05%。从欧洲和亚洲进口的农药数量和金额合计占总进口量的89.05%和86.67%（图7、图8）。

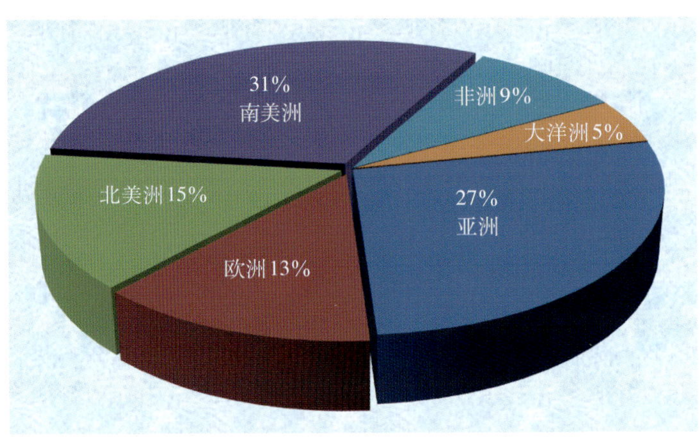

图7　2013年农药出口地区分布

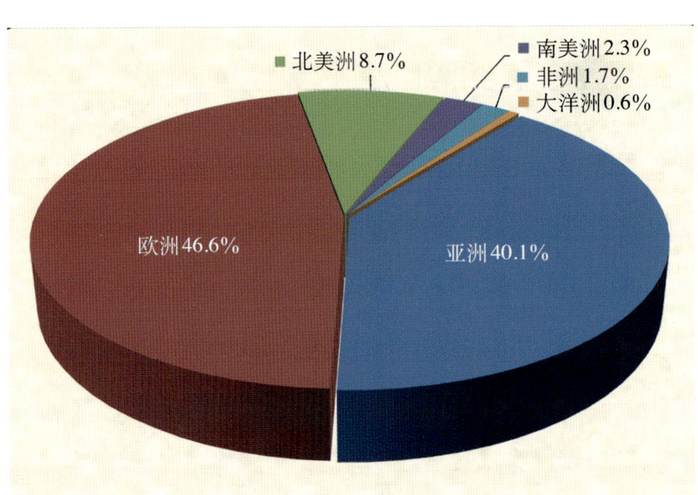

图8　2013年农药进口地区分布

2.七成农药出口到21个国家和地区，进口农药八成来自9个国家和地区　2013年农药出口到170个国家和地区，其中出口额超过1亿美元的国家有21个，共计出口119.30万吨和62.93亿美元，占总出口量的73.55%和73.84%。按出口贸易额排序依次分别是美国、巴西、阿根廷、泰国、澳大利亚、印度尼西亚、越南、印度、以色列、尼日利亚、俄罗斯、哥伦比亚、巴基斯坦、南非、马来西亚、乌克兰、日本、乌拉圭、加纳、巴拉圭、土耳其。美国和巴西遥遥领先，两国合计出口30.41万吨和21.69亿美元，分别占农药总出口量的18.75%和25.45%。出口快速增长的国家有南美洲的巴西、哥伦比亚、乌拉圭，亚洲的印度尼西亚、越南、巴基斯坦、马来西亚，非洲的尼日利亚和欧洲的俄罗斯。

2013年进口农药涉及37个国家和地区，其中进口贸易额超过1亿元人民币的国家有9个，按进口额排序依次为德国、法国、印度、美国、印度尼西亚、马来西亚、日本、西班牙、英国。共计进口4.50万吨和5.77亿美元，占当年总进口量的72.41%和82.77%。来自德国、法国和印度的农药进口额为3.22亿美元，占总农药进口额的46.12%。

（五）出口企业和区域集中

1. 5%的生产企业出口了八成的农药　2013年758家生产企业涉及农药出口，超过国内农药生产企业总数的30%。其中出口金额超过1亿元人民币的农药生产企业有116家，共计出口农药128.40万吨和69.58亿美元，占当年农药总出口的79.17%和81.64%。出口金额超过1亿美元的生产企业有17家，共出口农药68.57万吨和33.21亿美元，占当年农药总出口的42.28%和38.97%。

2. 江苏省一枝独秀，3/4农药由苏浙鲁出口　2013年28个省市的农药生产企业涉及农药出口，其中，江苏省出口了65.70万吨和37.93亿美元，占农药出口总量的40.51%和44.50%。其次是浙江和山东省，出口数量分别是33.39万吨和25.21万吨，出口金额分别是15.30亿美元和11.63亿美元。3省共计出口124.30万吨和64.87亿美元，占总出口的76.64%和76.11%。

三、问题及展望

（一）主要问题

1. 从企业自身来说，进出口企业数量多、规模小，缺乏市场开拓意识，缺乏有效的行业协调，低价竞争时有发生，甚至有些企业的出口利润已主要依赖于出口退税等优惠政策，严重影响我国农药行业的健康发展。

2.从农药产品来说，出口农药缺乏自主品牌，大部分是在“贴牌”销售。出口的农药产品仍以原药为主，相当一部分是出口原料，深加工的农药制剂出口相对较少。出口产品技术含量低、耗能高、利润低，大量生产严重消耗我国社会资源，影响我国农药行业可持续发展。

3.从国际环境来说，目前各国农药管理政策严格，技术壁垒成为农药贸易中最隐蔽、最难对付的一种非关税壁垒，农药市场开拓难度加大，对我国农药出口必然造成一定的影响。

4.从环保角度来说，近年来我国农药生产量和出口量迅速扩大，而且跨国公司把农药生产基地向国内转移，超出了我国的环境容量，大大增加了环保压力。社会公众对环保的过度关注，将影响农药行业的正常生产经营活动。

（二）工作展望

一是加快转变产业发展方式，从仿制向创制转变，从贴牌向自主品牌转变，从提供原料向提供产品、技术和服务转变；二是加大与各国农药管理机构的技术交流和合作，如农药登记联合评审、资料互认等，强化农药登记管理在农药国际贸易的协调和促进作用，帮助企业了解进口国农药登记管理政策和资料要求，促进我国农药产品在境外尽快取得登记，提高产品竞争力；三是进一步优化农药进出口监管模式，完善现有的农药进出口登记管理放行通知单申办和电子联网核销系统，创新监管手段，提高工作效率，努力实现农药进出口无纸化电子通关。

6 第六章 国际农药管理动态

DILIUZHANG GUOJI NONGYAO GUANLI DONGTAI

随着农药和农产品贸易的日益全球化，农药管理国际化趋势越来越明显，农药登记的国际联合评审逐步推行，农药管理国际合作越来越紧密。

第六章　国际农药管理动态

一、FAO修订《国际农药管理行为守则》

2013年6月，联合国粮农组织（FAO）第38届大会批准了《国际农药管理行为守则》（以下简称“守则”）。《守则》是《国际农药供销与使用行为守则》的最新修订版，自1985年由FAO大会通过之后，先后于1989 年和2002 年进行了修订。《守则》是支持加强粮食安全同时保护人体健康和环境的自愿性行为守则，是FAO成员、政府间组织、私营部门和民间社会所广泛接受的全球农药管理标准。《守则》提出了农药生命周期管理自愿框架。最新修订版更加关注卫生农药和农药对健康环境的影响，强化了对高风险农药管理和对弱势群体的保护，更新了有关定义。2013年，FAO和UNEP注重相关国际公约的协同增效，联合召开了《巴塞尔公约》、《鹿特丹公约》和《斯德哥尔摩公约》缔约方大会同期特别会议。

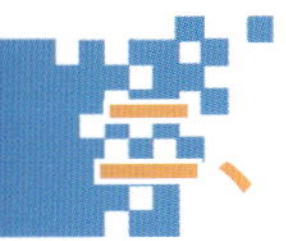

二、国际农药残留限量标准突破4 000项

截至目前，CAC农药残留限量标准涉及188种农药、333种食品，共计4 106项标准，标准数量比去年增加286项。2013年7月，国际食品法典委员会（CAC）第36届大会审议批准了国际食品法典农药残留委员会（CCPR）第45届会议审议的最大残留限量草案，通过啶虫脒等37种农药在蔬菜、水果、粮食、肉类等动植物产品中554项最大残留限量草案，其中，新增396项，撤销146项、终止制修订12项。2013年9月，农药残留联席会议（JMPR）审评了41种农药，推荐新制定最大残留限量271项、修订59项、取消65项。

第36届CAC大会通过了《应用比例类推理念估算农药最大残留限量的原则

和指南》，同意第45届CCPR年会通过的比例推算原则只适用于使用剂量变化在0.3～4倍推荐剂量的杀虫剂、杀菌剂、除草剂和植物生长调节剂，不适用于脱叶剂、产后处理等。第45届CCPR年会审议了“评估小宗作物／特殊作物MRL的指南（草案）”，特别说明了膳食消费数据在评估小宗作物时的应用，并详细说明了膳食消费高于全球膳食消费量0.5%的作物清单，以及清单外小作物的最少田间试验数要求。

另外，截至2013年11月，FAO／WHO共制定农药质量标准302个，其中WHO标准51个，FAO及FAO/WHO联合标准251个；按照新程序制定的标准118个，老程序制定的标准194个。

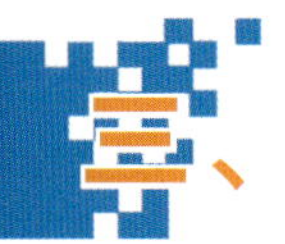

三、欧盟出台生物杀灭剂法规

2013年7月17日，欧盟通过了关于生物杀灭剂投放市场的新法规，并于2013年9月1日起实施。新法规的特点，一是统一标准，加强法规执行力度。法规实施当日欧洲化学品管理局（ECHA）启动了新的监管程序，提高高风险产品进入市场的门槛。二是新法规进一步拓展了安全保护覆盖范围，处理物品进入BPR监管目录。例如，被生物杀灭剂处理过的家具和食品包装等都在保护范围内。此类物品只能以认可的生物杀灭剂处理，并且须附上警告标签，让消费者根据这些资料做出选择，以此保障儿童和过敏症患者的健康。但新法规并不针对医疗和农业杀虫剂。三是新法规还修改了活性成分和产品的数据要求，比之前的《生物杀灭剂管理条例》更加接近《关于化学品注册、评估、许可和限制法规》（REACH）。四是新法规允许欧洲企业自2013年9月1日起通过两种渠道使其产品进入市场。大型企业可以向欧洲化学品管理局提交申请，审查认定后可以在欧盟市场销售；中小型企业向其所在国的有关部门申请在本国市场销售，获批后再根据欧盟内部的“相互承认原则”，进入其他欧盟成员国市场。2013年，欧盟还启动制定统一的助剂管理政策，由新西兰牵头开始制定经济合作与发展组织（OECD）产品化学登记资料要求。

四、欧美强化新烟碱类农药安全性管理

2013年5月欧盟委员会做出最终决定，自2013年12月开始，对吡虫啉、噻虫嗪、噻虫胺等3种新烟碱类农药在欧盟国家内采取限制使用的措施。但是部分专家认为造成欧洲和美国蜜蜂种群数量大幅度降低的主要原因仍不明确，寄生虫、蜜蜂养殖技术等对蜜蜂种群数量的影响更显著。部分欧盟成员国也明确反对采取这样的措施，如英国政府宣布接受限制令，但不认可其科学依据。先正达和拜耳公司正在起诉欧盟委员会，以期推翻这项限制令。

2013年8月15日美国环保局（EPA）发出通知，要求吡虫啉、噻虫嗪、噻虫胺、呋虫胺等4种新烟碱类农药的生产企业在产品标签上标注更严格的蜜蜂保护警示语。美国未采取欧盟类似的限制使用措施，EPA表示将加快这些农药的再评审程序。此外，EPA表示将与美国农业部、北美养蜂者协会等部门和组织合作，要求农药生产者、农具生产者和种子企业采取降低种子包衣粉尘漂移技术，为蜂农提供螨虫控制方法和蜜蜂饲养技术培训。

五、欧美关注内分泌干扰物测试技术

OECD制定了内分泌干扰物测试方法的制定和评价框架，颁布了内分泌干扰

物筛选和测试方法的标准化要求。截至2013年7月，OECD专家组已经对其颁布的168个方法进行了筛选，提出二代繁殖毒性、致癌试验、鸟类繁殖毒性等11项可以用于内分泌干扰物筛选的试验，新制定并颁布了大鼠Hershberger试验、28天大鼠反复给药毒性试验、大型溞繁殖毒性试验等13项方法。其他方法如雄性和抗雄性激素检测正在研究和制定中。

美国EPA根据1996年《联邦食品、药品和化妆品法》的要求，发起了内分泌干扰物筛选项目（EDSP），分两个阶段对化合物的内分泌干扰效应进行筛选。第一阶段为筛选与内分泌系统有潜在作用的化合物，第二阶段为确定每个内分泌干扰物所引起的特殊效应及剂量-反应关系。截至2013年，美国EPA已经建立起雌/雄激素受体结合试验、雌激素受体转录活性试验和类固醇合成试验等17种测试方法，并完成对首批化合物第一阶段的测试、评审。

六、OECD资料互认增加非成员国

迄今为止，OECD已接纳南非、斯洛文尼亚、以色列、新加坡、阿根廷、巴西、印度和马来西亚等7个非成员为其互认体系的正式协议方，其中巴西和阿根廷的协议仅涵盖工业化学品、农药和生物杀灭剂，接纳泰国为其临时成员，中国、俄罗斯等作为观察员国正在争取加入。目前，我国有13家实验室通过了比利时、德国和荷兰等OECD成员国的GLP实验室双边认证，其中涉及理化性质的有11家。

附录
农药领域重点事件盘点

FULU NONGYAO LINGYU ZHONGDIAN SHIJIAN PANDIAN

2013年是农药行业发展具有重要意义的一年。农药管理经历了变革性的推进，指导政策频频出台，管理日趋严格。从宏观布局到具体细则，政府实招频出，有力地促进了管理规范和产业振兴。

中国农药发展报告 2013 · 附录　农药领域重点事件盘点

一、农业部启动蔬菜及特色用药计划

2013年7月份，农业部启动蔬菜及特色作物安全用药行动计划，提出针对蔬菜及特色作物用药短缺问题，在登记过程中特别规定、建立用药短缺蔬菜及特色作物与病虫害目录等建议。

二、农药登记部省联动评审试点加快推进

为构建便民、高效、科学的农药登记评审机制，在2012年进行4省农药登记部省联动评审试点的基础上，2013年扩大试点的省份范围、产品范围和评审内容，试点省份由原来的4个增加到14个，目前农药登记部省联动评审试点省份已经覆盖50%。同时《农药进出口登记管理放行通知单》省所办理试点省份由2012年的1个扩大到现在的6个。

三、农业部发布2032号公告，加大风险管理力度

2013年12月9日，农业部发布2032号公告，禁限用了甲磺隆等7种农药，以风险管理为目标，强化了对易产生药害的除草剂、环境高风险农药、卫生杀虫剂等的风险管理。同时，进一步加大低毒低残留农药示范补贴力度，对高毒农药实行定点经营、实名购买，严格源头管控和生产记录。

四、农业部吊销4个农药登记证，隐性成分监测有突破

农药市场监管“全面围剿、定向打击”，实现农药检测技术、植保技术、信息查询互通联动，形成了定向准确、检测快速、运转高效的监管机制，隐性成分检测的检出率大大提高。基于2012年农药市场监管结果，2013年农业部吊销了4个

违法生产企业的4个农药登记证。

五、“神农丹”事件列入危害食品安全典型案例

2013年5月4日，山东潍坊姜农违规使用“神农丹”农药种植生姜事件曝光后，引起国内高度关注，成为年度热门事件。2014年1月，中央纪委监察部公布5起危害食品安全责任追究典型案例，山东潍坊姜农违规使用剧毒农药“神农丹”失职渎职案为典型案例之一，峡山区管委会副主任等9人受到党纪政纪处分。

六、海南省农药监管施行专营制度

经历了两年的筹备、斡旋、磋商、投标后，2013年海南省实施农药专营，运用二维码等信息技术手段，对“进入”海南的农药实行最严格管理，以期做到对整个市场上流通的农药进行全方位的监管和追溯，这是我国农药监管的一次有益尝试。

七、农药残留限量新标准正式实施

食品安全国家标准《食品中农药最大残留限量》(GB 2763—2012)，自2013年3月1日起实施，这是农业部对涉及农药残留限量的国家标准、行业标准的一次全面清理，同时也加快了新农药残留限量标准的制定工作。新标准细化了不同农药在不同农产品中的残留限量，扩大了农产品的范围，基本涵盖了我国居民日常消费的主要农产品。

八、农药价格平稳，除草剂涨势明显

2013年，农药终端市场价格杀虫剂、杀菌剂、除草剂的平均价格，同比、环比波动大部分在1%以内，农药市场整体平稳。部分品种价升量涨，除草剂增幅较为明显，其中草甘膦、百草枯等涨幅达20%～50%。

九、环保核查启动，农药行业整合提速

2013年，农药行业首个环保核查启动，首先对草甘膦生产企业开展持续3年的环保核查。环保门槛的提高，有利于促进产业整合、行业兼并重组，改变草甘膦产业“散、乱、小”的现状。

十、专业化统防统治成效显著

2013年病虫害防治中，实行冬小麦种植区“一喷三防”全覆盖、秋粮作物“重大病虫防控三大攻坚战”行动，强化了应急防治，大力开展专业化统防统治。据统计，目前全国有各类型专业化防治组织8.5万个，年实施统防统治面积由1 267万公顷次发展到4 167万公顷次，其中，小麦病虫害专业化统防统治覆盖率达到30.3%，有效地控制了病虫害的发生，已成为植保工作的新亮点。

图书在版编目（CIP）数据

中国农药发展报告.2013 / 农业部种植业管理司，农业部农药检定所编. — 北京：中国农业出版社，2014.5
ISBN 978-7-109-19231-7

Ⅰ. ①中… Ⅱ. ①农… ②农… Ⅲ. ①农药工业—产业发展—研究报告—中国—2013 Ⅳ. ①F426.76

中国版本图书馆CIP数据核字（2014）第111766号

中国农业出版社出版
（北京市朝阳区麦子店街18号楼）
（邮政编码 100125）
责任编辑 李文宾 王 凯

中国农业出版社印刷厂印刷 新华书店北京发行所发行
2014年5月第1版 2014年5月北京第1次印刷

开本：889mm × 1194mm 1/16 印张：3.5
字数：50千字
定价：50.00元